पंचतंत्र की कहानियाँ

अद्भुत कहानियाँ

ब्रतेश कुमार सिंह

ISBN 979-888629080-6

क्रम-सूची

प्रस्तावना

इस पुस्तक में हमने छोटे बच्चों के लिए पंचतंत्र की कुछ कहानियाँ लिखी हैइस पुस्तक में १५ से ज्यादा कहानियां है। जो बच्चों को बहुत ज्यादा मदद करेगी उनके दिमाग को बढ़िया बना देगी।अगर हमसे कोई भूल हो जाए तो माफ करें ।हमारा इस किताब को बनाकर किसी को ठेस पहुँचाना नहीं है। हमने कहानियां बहुत से जगह से ली है।

अगर आप हमारी इस पुस्तक के बारे में कुछ सुझाव देना चाहते हैं तो हमें brateshkumarsingh @gmail.com पर अपना सुझाव भेजें।

आपका सुझाव हमारे लिए बहुत महत्वपूर्ण था , है और रहेगा।

-धन्यवाद

पावती (स्वीकृति)

ब्रतेश कुमार सिंह - इन्होने इस किताब को लिखा है , और पूरी जानकारी देने की कोशिश करी है।

महेश कुमार - इन्होने इस किताब को बहुत अच्छे से संपादक करा है।

सर्वेश कुमारी - इन्होने इस किताब को लिखने के लिए बहुत अच्छे विचार प्रकट करें है।

युवराज सिंह , रामजी लाल , सुरेश कुमार सिंह , ब्रजेश सिंह - इन सब ने इस किताब को पूरा करने में बहुत महत्वपूर्ण भूमिका निभाई है।

1

चिंटू और भोलू

चिंटू एक छोटा सा बच्चा है। उसके पास एक भोलू नाम का सफेद रंग का कुत्ता है। चिंटू दोनों अच्छे मित्र हैं। भोलू , चिंटू के घर में रहता है। वह चिंटू की ढेर सारी मदद करता है। चिंटू स्कूल जाने के लिए तैयार होता है तो भोलु उसकी मदद करता है। उसके जूते उसकी बोतल आदि झटपट चिंटू को दे देता है। भोलू घर में किसी दूसरे व्यक्ति को घुसने नहीं देता है पहले भों -भों करके पूरे घर को बता देता है कोई आदमी आया है। गोलू अपने भोलू को प्यार से खाना खिलाता है और उसके साथ खेलता है।चिंटू जब पार्क में खेलता है तो भोलू उसकी बोल को लाकर चिंटू को देता है।भोलू घर में सभी का मन बहलाता है।वह कभी चौकीदार का काम करता है , तो कभी घर के नौकर का।चिंटू की मम्मी जब छत पर पापड़ या गेहूं , चावल सूखने के लिए बिछ आती है , तो भोलु वहां निगरानी करता है। वह किसी चिड़िया और कौवे को बैठने नहीं देता और समान को बर्बाद करने नहीं देता। चिंटू जब बाजार जाता तो भोलु भी उसके पीछे पीछे चलता और दूसरे आवारा कुत्तों आधी से चिंटू को बचाता।

<u>**कहानी से सीख :-**</u> मित्रता किसी से भी करें उसको निभाए भी। मित्र आपकी सहायता करता है।

2

चिड़ियाघर की सैर

– अमन अपने माता-पिता के साथ चिड़ियाघर की सैर करने जाता है। अमन क्योंकि बच्चा है और वह अपनी मम्मी के गोदी में चलता है , इसलिए चिड़ियाघर में उसके लिए टिकट नहीं लगता। मम्मी – पापा ने अपना टिकट लिया और वह तीनों मिलकर चिड़ियाघर के अंदर चले। अमन ने चिड़ियाघर के अंदर देखा एक तालाब है उसमें ढेर सारे बत्तख और बगुला तैर रहे हैं। उसे बहुत ही अच्छा लगा फिर उसने देखा एक बंदर है। वह छोटे-छोटे बंदरों को खिला रहा है , और उसके पीछे छोटे – छोटे बंदर भाग रहे हैं। वह उसके पापा होंगे। अमन ने फिर आगे एक भालू को देखा एक जिराफ को देखा और ढेर सारे शेर को भी देखा वह तेज-तेज चिल्ला रहा था , छोटे-छोटे बच्चे डर कर भाग रहे थे।

फिर चिंटू ने देखा एक हाथी का झुंड वहां पर खड़ा था और उसके छोटे – छोटे बच्चे भी वहां पर थे। वह आपस में खेल रहे थे और इस तमाशे को वहां खड़े ढेर सारे बच्चे देख रहे थे। अमन भी खड़ा हुआ और और हाथी के झुंड को दिखने लगाओ जब वहां से चले तो अमन अपनी मम्मी के गोदी में नहीं चल रहा था।अमन ने देखा वहां छोटे-छोटे बच्चे आए हैं।वह अपने पैर पर चल रहे थे कोई भी अपने मम्मी – पापा के गोदी में नहीं चल रहा था। स पर अमन भी अपने छोटे-छोटे पैरों से चलने लगा इस पर अमन के मम्मी – पापा को बहुत खुशी हुई क्योंकि अब उसका बेटा चलना सीख रहा था। अमन चिड़ियाघर में रेलगाड़ी से भी शैर की और ऊंट की सवारी भी की।

<u>कहानी से सीख :-</u> बच्चे अनुकरण से सीखते है , बच्चों के मन के विकास के लिए उन्हें दुनिया का रूप दिखाना चाहिए।

3

हिरण

एक जंगल में हिरण का परिवार रहता था। उस हिरण एक प्यारा सा सुंदर सा बच्चा था। एक दिन खरगोश से दौड़ हुई , हिरण का बच्चा खरगोश से आगे भागने लगा। वह जंगल पार कर गया , खेत पार कर गया , नदी भी पार कर गया , पर पहाड़ पार नहीं कर पाया।

चट्टान से टकराकर गिर गया और जोर – जोर से रोने लगा।

बंदर ने उसकी टांग सहलाई पर चुप नहीं हुआ।फिर भालू दादा ने गोद में उठा कर खिलाया उससे भी चुप नहीं हुआ।और सियार ने नाच किया उससे भी चुप नहीं हुआ , फिर हिरण की मां आई उसने उसे प्यार किया और कहा चलो उस पत्थर की पिटाई करते हैं। हिरण का बच्चा बोला नहीं ! वह भी रोने लगेगा।

उसके बाद मां हंसने लगी बेटा हंसने लगा , बंदर हंसने लगा , भालू हंसने लगा सब हंसने लगे।

<u>कहानी से सीख :-</u> बालकों में संवेदना बड़ों से अधिक होती है। उसे बढ़ावा दे।

4

शरारती बंदर

एक समय की बात है , एक जंगल में एक शरारती बंदर रहा करता था। वह बन्दर सभी को पेड़ों से फल फेक – फेक करके मारा करता था। गर्मी का मौसम था पेड़ों पर खूब ढ़ेर सारे आम लगे हुए थे।बंदर सभी पेड़ों पर घूम-घूमकर आमो का रस चूसता और खूब मजे करता।नीचे आने – जाने वाले जानवरों पर वह ऊपर से बैठे-बैठे आम फेंक कर मारता और खूब हंसता।एकसमय हाथी उधर से गुजर रहा था।बंदर जो पेड़ पर बैठकर आम खा रहा था , वह अपने शरारती दिमाग से लाचार था।बन्दर ने हाथी पर आम तोड़कर मारा।एक आम हाथी के कान पर लगी और एक आम उसके आंख पर लगी। इससे हाथी को गुस्सा आया। उसने अपना सूंढ़ ऊपर उठाकर बंदर को गुस्से में लपेट लिया और कहा कि मैं आज तुझे मार डालूंगा तू सब को परेशान करता है। इस पर बंदर ने अपने कान पकड़ लिए और माफी मांगी।अब से मैं किसी को परेशान नहीं करूंगा और किसी को शिकायत का मौका नहीं दूंगा।बंदर के बार बार माफी मांगने और रोने पर हाथी को दया आ गई उसने बंदर को छोड़ दिया।कुछ समय बाद दोनों घनिष्ट मित्र हो गए।

5

तीन कछुए

एक तालाब में तीन कछुए थे। दो कछुए आपस में खूब लड़ाई करते थे। तीसरा कछुआ समझदार था , वह इन दोनों के लड़ाई में नहीं पड़ता था। एक दिन की बात है लड़ाई करने वाले कछुए में से एक पत्थर से गिरकर उल्टा हो गया था। कछुए का पैर आसमान की ओर था और पीठ जमीन पर लगी हुई थी। उस कछुए ने काफी प्रयत्न किया किंतु वह सीधा नहीं हो पाया। आज उसे पछतावा हो रहा था उसने जीवन में लड़ाई – झगड़े के अलावा और किया ही क्या था। उल्टा हुए उसे काफी समय हो गया कोई भी उसके पास नहीं आया। काफी समय बीत जाने के बाद भी जब वह तालाब में नहीं आया। दोनों कछुओं को संदेह हुआ। दोनों कछुए ने ढूंढने का मन बनाया और तालाब से बाहर निकलकर उस की खोज करने लगे। तालाब से कुछ दूर एक पत्थर था , उसके उस पर वह कछुआ उल्टा गिरा हुआ था। दोनों कछुए दौड़ते हुए गए और उसे सीधा करके हालचाल पूछने लगे। वह कछुआ अपने किए पर शर्मिंदा था। जोर – जोर से रोने लगा और दोनों से फिर कभी लड़ाई न करने की बात कहकर माफी मांगने लगा।

तबसे तीनों कछुए तालाब में दोस्त बनकर रहने लगे। एक दूसरे के साथ फिर कभी लड़ाई नहीं करते थे। क्योंकि उन्हें मालूम हो गया था कि एक – दूसरे की सहायता के बिना उनका जीना मुश्किल है।

<u>कहानी से सीख :-</u>अपने आसपास के लोगों से बैर नहीं करना चाहिए , क्योंकि समय पड़ने पर वही काम आते हैं।

6

कंजूस ब्राह्मण

एक वक्त की बात है, किसी शहर में एक कंजूस ब्राह्मण रहता था। एक दिन उसे भिक्षा में जो सत्तू मिला, उसमें से थोड़ा खाकर बाकी का उसने एक मटके में भरकर रख दिया। फिर उसने उस मटके को खूंटी से टांग दिया और पास में ही खाट डालकर सो गया। सोते-सोते वो सपनों की अनोखी दुनिया में खो गया और विचित्र कल्पनाएं करने लगा। वो सोचने लगा कि जब शहर में अकाल पड़ेगा, तो सत्तू का दाम 100 रुपये हो जाएगा। मैं सत्तू बेचकर बकरियां खरीद लूंगा। बाद में इन बकरियों को बेचकर गाय खरीदूंगा। इसके बाद भैंस और घोड़े भी खरीद लूंगा। कंजूस ब्राह्मण कल्पनाओं की विचित्र दुनिया में पूरी तरह खो चुका था। उसने सोचा कि घोड़ों को अच्छी कीमत पर बेचकर खूब सारा सोना खरीद लूंगा। फिर सोने को अच्छे दाम पर बेचकर बड़ा-सा घर बनाऊंगा। मेरी संपत्ति को देखकर कोई भी अपनी बेटी की शादी मुझसे करा देगा। शादी के बाद मेरा जो बच्चा होगा, मैं उसका नाम मंगल रखूंगा।

फिर जब मेरा बच्चा अपने पैरों पर चलने लगेगा, तो मैं दूर से ही उसे खेलते हुए देखकर आनंद लूंगा। जब बच्चा मुझे परेशान करने लगेगा, तो मैं गुस्से में पत्नी को बोलूंगा और कहूंगा कि तुम बच्चे को ठीक से संभाल भी नहीं सकती हो। अगर वह घर के काम में व्यस्त होगी और मेरी बात का पालन नहीं करेगी, तब मैं गुस्से में उठकर उसके पास जाऊंगा और उसे पैर से ठोकर मारूंगा। ये सारी बातें सोचते-सोचते ब्राह्मण का पैर ऊपर उठता है और सत्तू से भरे मटके में ठोकर मार देता है, जिससे उसका मटका टूट जाता है। इस तरह सत्तू से भरे मटके के साथ ही कंजूस ब्राह्मण का सपना भी चकनाचूर हो जाता है।

<u>कहानी से सीख:</u>-इस कहानी से हमें यह सीख मिलती है कि किसी भी काम को करते वक्त मन में लोभ नहीं आना चाहिए। लोभ का फल कभी भी मीठा नहीं होता है। साथ ही सिर्फ सपने देखने से सफलता नहीं मिलती, इसके लिए मेहनत करना भी जरूरी है।

7

अर्बुद शिखर

एक समय की बात है। अर्बुद शिखर नामक पर्वत की गुफा में दुर्दांत नाम का एक शेर रहता था। वह बड़ा ही खूंखार था। वह हर दिन अपनी गुफा से केवल शिकार करने के लिए बाहर निकलता था और पेट भरने के बाद वापस गुफा में जाकर सो जाता था। एक दिन न जाने कहां से उसकी गुफा में एक चूहा आ गया और वह भी वहीं एक बिल बनाकर रहने लगा। एक रोज जब शेर गुफा में सो रहा था, तभी चूहा अपने बिल से बाहर निकला और उसके बालों को कुतर कर वापस बिल में चला गया। शेर की जब नींद खुली तो उसने देखा कि उसके बाल कुतरे हुए थे। वह गुस्से से आगबबूला हो गया। उसने चूहे को कई बार पकड़कर उसे मारने का प्रयास भी किया, लेकिन चूहा था कि हाथ ही नहीं आता था। हर बार वह भागकर अपने बिल में छिप जाता था। अंत में शेर को एक युक्ति सूझी। उसने सोचा कि क्यों न चूहे को मारने के लिए इसका परम शत्रु लाया जाए। वह जंगल गया और बहला-फुसलाकर एक बिल्ली को अपनी गुफा में लेकर आया। इसके बाद से जब भी शेर सोता या आराम करता था, बिल्ली पहरेदार की तरह शेर की निगरानी करती थी। वहीं, शेर भी हर दिन बिल्ली के खाने के लिए ताजे-ताजे मांस लाता था। इससे वह बिल्ली कुछ ही दिनों में बहुत मोटी-ताजी हो गई थी। दूसरी तरफ, बिल्ली की डर की वजह से चूहा अपने बिल में ही दुबका रहता था। वह खाने-पीने के लिए भी बिल से बाहर नहीं निकलता था। इस वजह से वह काफी कमजोर भी हो गया था। एक दिन भूख-प्यास से व्याकुल होकर चूहा अपने बिल से बाहर निकला। उसने देखा कि शेर अपनी गुफा में आराम फरमा रहा था और बिल्ली ताजे-ताजे मांस खा रही थी। लेकिन, बिल्ली भी बहुत चालाक थी। चूहा जैसे ही शेर के पास उसके बाल कुतरने पहुंचा, बिल्ली ने तुरंत उस पर झपट्टा मारा और उसे निगल गई। वह बहुत खुश थी कि जब वह शेर को यह बताएगी कि चूहे से अब परेशान होने की जरूरत नहीं है, तो शेर बहुत खुश हो जाएगा और उसे ढेर सारे ताजे मांस लाकर देगा। जब शेर अपनी नींद से जागा, तो बिल्ली ने उसे बताया कि उसने चूहे को मार दिया है। बिल्ली की बात सुनकर शेर बहुत खुश हुआ। अब उसकी परेशानी दूर हो गई थी, इसलिए वह बिल्ली अब उसके किसी काम की नहीं थी। उसी दिन से शेर ने बिल्ली के लिए मांस लाना बंद कर दिया।

इसके बाद भूखी-प्यासी बिल्ली कमजोर होने लगी थी। उसे समझ आ गया था कि शेर उसे मांस सिर्फ चूहे की वजह से देता था। अब चूहा नहीं है, तो उसे उसकी कोई जरूरत नहीं है। फिर वह बिल्ली उस गुफा को छोड़कर वहां से चली गई।

<u>कहानी से सीख:–</u> शेर, चूहे और बिल्ली की कहानी से हमें यह सीख मिलती है कि अपना काम निकल जाने के बाद, हर कोई पराये की तरह व्यवहार करने लगते हैं। इसलिए, कभी किसी के अधिक मोह में न पड़ें।

8
(अ प ने आ प ब ना ये)

बहुत समय पहले की बात है द्रोण नगरी में चार दोस्त रहा करते थे। उन चारों में से तीन ब्राह्मण कई तरह की विद्याओं में निपुण थे, जबकि चौथे के पास किसी तरह की विद्या नहीं, लेकिन वह बहुत बुद्धिमान था। चौथा दोस्त हमेशा अपनी बुद्धि का इस्तेमाल करके हर समस्या से बचने का रास्ता निकाल लेता था, जबकि अन्य दोस्त विद्यावान होते हुए भी समझदारी से काम नहीं लेते थे। एक दिन उन चारों दोस्तों ने मिलकर सोचा कि पैसा कमाने के लिए विदेश जाना चाहिए। वहां जाकर ही विद्या का लाभ मिलेगा और पैसे कमाने का रास्ता भी। इसी सोच के चलते चारों विदेश यात्रा पर चल दिए। यात्रा करने के दौरान एक ब्राह्मण दोस्त ने कहा कि हम में से सिर्फ एक दोस्त के पास विद्या नहीं है। ऐसे दोस्त को हमारी विद्या के कारण मिलने वाला धन नहीं मिलना चाहिए। वो घर वापस जा सकता है। इस पर काफी देर चर्चा करने के बाद दूसरा दोस्त इस बात से सहमत हो गया, लेकिन तीसरे दोस्त ने कहा कि ऐसा करना ठीक नहीं होगा। हम सभी बचपन से दोस्त हैं और अब यह फैसला लेना गलत होगा। हम जो कुछ भी कमाएंगे, उसे चार हिस्सों में बांट देंगे। इस बात पर सबने हामी भरी और सभी विद्या का चमत्कार लोगों को दिखाने के लिए आगे की ओर बढ़ने लगे।

यात्रा के दौरान जंगल से गुजरते हुए उन्हें एक मरा हुआ शेर दिखा। सभी ब्राह्मणों ने कहा कि हम अपनी विद्या के चमत्कार से इस शेर को जिंदा कर देंगे। इससे हमें बहुत यश और कीर्ति मिलेगी। तीनों ब्राह्मण दोस्त उसे जिंदा करने में लग गए, लेकिन चौथे बुद्धिमान दोस्त ने उन्हें ऐसा करने से मना किया। उसने कहा कि अगर तुम लोग इसे जिंदा कर दोगे, तो वह जिंदा होते ही हम सबको खा जाएगा। चौथे दोस्त के बहुत कहने के बावजूद तीनों दोस्त नहीं माने। उनमें से एक ब्राह्मण शेर की अस्थियों को समेटने लगा, तो दूसरा उसके अंक को और चौथा उसके शरीर में प्राण डालने की कोशिश करता रहा। तीनों को अपनी-अपनी विद्या का इस्तेमाल करते देख चौथा दोस्त डर गया। उसने अपने सभी मित्रों से कहा, "ठीक है, तुम लोग अपने मन की करो, लेकिन मुझे पेड़ पर चढ़ जाने दो।" इतना कहकर चौथा दोस्त झट से पेड़ पर चढ़ गया। वहीं, अन्य दोस्त मिलकर अपनी सिद्धियों और विद्याओं के बल से उस शेर को जीवित करने की कोशिश में लग गए। देखते ही देखते शेर जिंदा हो जाता है। शेर जैसे ही जिंदा हुआ वह अपने आसपास तीन ब्राह्मणों को देखते ही उन्हें मार डालता है, जबकि पेड़ पर चढ़ा चौथा दोस्त अपनी समझदारी से बच जाता है।

कहानी से सीख:- शेर जी उठा कहानी" यही सीख देती है कि विद्या के नशे में चूर होकर किसी काम को नहीं करना चाहिए। हर काम को करते हुए उसके अच्छे और बुरे दोनों परिणाम के बारे में सोचना जरूरी है। सिर्फ विद्या में निपुणता ही नहीं, बल्कि बुद्धि का होना भी जरूरी होता है।

9

(अ प ने आ प ब ना ये)

एक समय की बात है, जब शहर से थोड़ी दूर में एक मंदिर बनाया जा रहा था। उस मंदिर के निर्माण में लकड़ियों का इस्तेमाल किया जा रहा था। लकड़ियों के काम के लिए शहर से कुछ मजदूर आए हुए थे। एक दिन मजदूर लकड़ी चीर रहे थे। सारे मजदूर रोज दोपहर का खाना खाने के लिए शहर जाया करते थे। उस दौरान एक घंटे तक वहां कोई भी नहीं रहता था। एक दिन दोपहर के खाने का समय हुआ, तो सभी जाने लगे। एक मजदूर ने लकड़ी आधी ही चीर थी। इसलिए, वह बीच में लकड़ी का खूंटा फंसा देता है, ताकि दोबारा चीरने के लिए आरी फंसाने में आसानी हो। उनके जाने के कुछ समय बाद बंदरों का एक समूह वहां आ जाता है। उस समूह में एक शरारती बंदर था, जो वहां पड़ी चीजों को उल्टा-पुल्टा करने लगा। बंदरों के सरदार ने सभी को वहां रखी चीजों को छेड़ने से मना किया। कुछ समय बाद सारे बंदर पेड़ों की तरफ वापस जाने लगे, तो वह शरारती बंदर सबसे बचकर पीछे रह जाता है और उधम मचाने लगता है। शरारत करते-करते उसकी नजर उस अधचिरे लकड़ी पर पड़ती है, जिस पर मजदूर ने लकड़ी का खूंटा लगाया था। खूंटे को देखकर बंदर सोचने लगा कि उस लकड़ी को वहां पर क्यों लगाया है, उसे निकालने पर क्या होगा। फिर वह उस खूंटे को बाहर निकालने के लिए खींचने लगता है।

बंदर के अधिक जोर लगाने पर वह खूंटा हिलने और खिसकने लगता है, जिसे देखकर बंदर खुश होता है और जोर लगाकर उस खूंटे को सरकाने लगता है। वह खूंटे को निकालने में इतना मगन हो जाता है कि उसे पता ही नहीं चलता कि कब उसकी पूंछ दोनों पाटों के बीच में आ गई। बंदर पूरी ताकत के साथ खूंटे को खींचकर बाहर निकाल देता है। खूंटा निकलते ही लकड़ी के दोनों भाग चिपक जाते हैं और उसकी पूंछ बीच में फंस जाती है। पूंछ के फंसने पर बंदर दर्द के मारे चिल्लाने लगता है और तभी मजदूर भी वहां पहुंच जाते हैं। उन्हें देखकर बंदर भागने के लिए जोर लगाता है, तो पूंछ टूट जाती है। वह चीखते हुए टूटी पूंछ लेकर भागता हुआ अपने झुंड के पास पहुंच जाता है। वहां पहुंचते ही सभी बंदर उसकी टूटी हुई पूंछ देखकर हंसने लगते हैं।

<u>कहानी से सीख :-</u> इस कहानी से हमें यह सीख मिलती है कि हमें न तो दूसरों की चीजों के साथ छेड़छाड़ करनी चाहिए और न ही उनके काम में दखलंदाजी करनी चाहिए। ऐसा करने से हमें ही नुकसान होता है।

10

सीतापुरी गांव

एक बार की बात है सीतापुरी गांव में जीर्णधन नाम का एक बनिया रहता था। उसका काम कुछ अच्छा नहीं चल रहा था, इसलिए उसने धन कमाने के लिए विदेश जाने का फैसला किया। उसके पास कुछ ज्यादा पैसे या कोई कीमती वस्तु नहीं थी। सिर्फ उसके पास एक लोहे का तराजू थी। उसने वो तराजू साहूकार को धरोहर के रूप में दे दिया और बदले में कुछ रुपये ले लिए। जीर्णधन ने साहूकार से कहा कि वह विदेश से लौटकर अपना उधार चुका कर तराजू वापस ले लेगा। जब दो साल बाद वह विदेश से लौटा, तो उसने साहूकार से अपना तराजू वापस मांगा। साहूकार बोला कि वो तराजू तो चूहों ने खा लिया। जीर्णधन समझ गया कि साहूकार की नियत खराब हो गई है और वह तराजू वापस करना नहीं चाहता। तभी जीर्णधन के दिमाग में एक चाल सूझी। उसने साहूकार से कहा कि कोई बात नहीं अगर तराजू चूहों ने खा लिया है, तो इसमें तुम्हारी कोई गलती नहीं है। सारी गलती उन चूहों की है। थोड़ी देर बाद उसने साहूकार से कहा कि दोस्त मैं नदी में नहाने जा रहा हूं। तुम अपने बेटे धनदेव को भी मेरे साथ भेज दो। वो भी मेरे साथ नहा आएगा। साहूकार, जीर्णधन के व्यवहार से बहुत खुश था, इसलिए उसने जीर्णधन को सज्जन पुरुष जानकर अपने बेटे को उसके साथ नहाने के लिए नदी पर भेज दिया। जीर्णधन ने साहूकार के बेटे को नदी से से कुछ दूर ले जाकर एक गुफा में बंद कर दिया। उसने गुफा के दरवाजे पर बड़ा-सा पत्थर रख दिया, जिससे साहूकार का बेटा बचकर भाग न पाए। साहूकार के बेटे को गुफा में बंद करके जीर्णधन वापस साहूकार के घर आ गया। उसे अकेला देखकर साहूकार ने पूछा कि मेरा बेटा कहां हैं। जीर्णधन बोला कि माफ करना दोस्त तुम्हारे बेटे को चील उठाकर ले गई है।

साहूकार हैरान रह गया और बोला कि ये कैसे हो सकता है? चील इतने बड़े बच्चे को कैसे उठा ले जा सकती है? जीर्णधन बोला जैसे चूहे लोहे के तराजू को खा सकते हैं, वैसे ही चील भी बच्चे को उठाकर ले जा सकती है। अगर बच्चा चाहिए, तो तराजू लौटा दो। जब अपने ऊपर मुसीबत आई तब साहूकार को अक्ल आई। उसने जीर्णधन का तराजू वापस कर दिया और जीर्णधन ने साहूकार के बेटे को आजाद कर दिया।

<u>कहानी की सीख :-</u> जो जैसा व्यवहार करता है उसके साथ वैसा व्यवहार करो, ताकि उसे अपने गलती का अहसास हो जाए।

11

गरीब ब्राह्मण

बहुत समय पहले की बात है किसी गांव में एक गरीब ब्राह्मण रहता था। एक दिन उस ब्राह्मण के घर कुछ अतिथि आए। ब्राह्मण की स्थिति इतनी खराब थी कि उन अतिथियों को खिलाने के लिए घर में अनाज तक नहीं था। इस स्थिति को लेकर ही ब्राह्मण और उसकी पत्नी के बीच थोड़ी कहासुनी होने लगती है। ब्राह्मणी कहती है, "तुम्हें पेट भरने योग्य अनाज कमाना भी नहीं आता है। इसी का नतीजा है कि आज घर में अतिथि आ खड़े हुए हैं और हमारे पास उन्हें खिलाने के लिए कुछ भी नहीं है।"

इस पर ब्राह्मण अपनी पत्नी से कहता है, "कल कर्क संक्रान्ति हैं। मैं कल भिक्षा लेने के लिए दूसरे गांव जाऊंगा। वहां एक ब्राह्मण ने मुझे आमंत्रित किया है। वह सूर्य देव की तृप्ति के लिए कुछ दान देना चाहता है। तब तक जो कुछ भी घर में है, उसे आदर सत्कार के साथ अतिथियों के सामने रखो!" ब्राह्मण की यह बात सुनकर ब्राह्मणी कहती है, "तेरी पत्नी होकर मैंने कभी सुख नहीं भोगा है। न कभी खाने को मेवा-मिष्ठान मिला, न ही ढंग के वस्त्र और आभूषण। आज तू कह रहा है कि जो भी घर में पड़ा हो, वो अतिथियों के समक्ष रख दो। जब कुछ है ही नहीं, तो मैं उनके सामने क्या रख दूं। पड़े हैं, तो बस एक मुट्ठी तिल। तो क्या अतिथियों के सामने सूखे तिल रखना अच्छा लगेगा।" पत्नी की यह बात सुनकर ब्राह्मण कहता है, "ब्राह्मणी तुम्हे ऐसा बिल्कुल भी नहीं कहना चाहिए। कारण यह है कि इच्छा के अनुसार किसी भी मनुष्य को धन की प्राप्ति नहीं होती है। जरूरी है तो पेट भरना और पेट भरने योग्य अनाज तो मैं ले ही आता हूं। अधिक धन की चाहत अच्छी नहीं। ऐसी इच्छा का तुम्हें त्याग कर देना चाहिए। अधिक धन की इच्छा के चक्कर में मनुष्य के माथे पर शिखा बन जाती है।"

माथे पर शिखा वाली बात सुन ब्राह्मणी बड़े ही आश्चर्य से ब्राह्मण से पूछती हैं, "अधिक धन की इच्छा में माथे पर शिखा हो जाती है। मैं कुछ समझी नहीं, जो भी कहना है खुलकर कहिए।"ब्राह्मणी के इस सवाल का जवाब देने के लिए ब्राह्मण अपनी पत्नी को "शिकारी और गीदड़ की एक कहानी" सुनाता है।

ब्राह्मण कथा की शुरुआत करता है...

एक दिन एक शिकारी जंगल में शिकार की खोज कर रहा था। जंगल में कुछ दूर आगे बढ़ने के बाद शिकारी को एक काले रंग का पहाड़ जैसा विशाल सूअर दिखाई देता है। सूअर को देखते ही शिकारी अपना धनुष उठा लेता है और कमान खींचते हुए सूअर पर निशाना लगा देता है। कमान से निकला हुआ तीर तीव्र गति से सूअर को घायल कर देता है। घायल होने पर सूअर चिंघाड़ता हुआ शिकारी पर पलटवार कर देता है। सूअर के तीखे दांतों से शिकारी का पेट फट जाता है। इस तरह शिकार और शिकारी दोनों का ही अंत हो जाता है। इसी बीच खाने की तलाश में भकता हुआ एक भूखा गीदड़ वहां से होकर गुजरता है, जहां शिकारी और सूअर का शव पड़ा हुआ था। बिना मेहनत इतना सारा भोजन देख

गीदड़ मन ही मन बहुत खुश होता है और मन ही मन सोचता है कि आज तो ईश्वर की बड़ी कृपा हुआ, जो इतना अच्छा और अधिक भोजन एक साथ मुझे मिला है। मैं इसे धीरे-धीरे और आराम से खाऊंगा, ताकि लंबे समय तक मैं इसे उपयोग में लाऊंगा। इस तरह मैं इस भोजन के साथ लंबे समय तक अपनी भूख को शांत रख पाऊंगा। इन सभी बातों पर विचार करते हुए गीदड़ सबसे पहले छोटी-छोटी चीजों को खाना शुरू करता है। तभी उसे शिकारी के मृत शरीर के पास धनुष पड़ा दिखता है। गीदड़ के मन में पहले उसे ही खाने का विचार आता है और वह धनुष पर चढ़ी डोर को चबाने लगता है।

गीदड़ के चबाने से धनुष पर चढ़ी डोर टूट जाती है और डोर के टूटने से धनुष का एक सिरा वेग के साथ गीदड़ के माथे को भेदता हुआ ऊपर निकल आता है। गीदड़ के माथे को भेद कर धनुष का जो सिरा गीदड़ के सिर पर निकल आता है, वह ऐसा प्रतीत होता है मानो गीदड़ के माथे पर शिखा निकल आई हो। घायल होने के कारण कुछ देर बाद गीदड़ की भी मौत हो जाती है। इतना कहते हुए ब्राह्मण कहता है, "ब्राह्मणी इसीलिए मैं कहता हूं कि जरूरत से अधिक लोभ से माथे पर शिखा आ जाती है।"यह कथा सुनने के बाद ब्राह्मणी कहती है, "ठीक है अगर ऐसी ही बात है, तो घर में जो मुट्ठी भर तिल पड़े हैं, उन्हीं को मैं अतिथियों को खिला देती हूं।"ब्राह्मणी की यह बात सुनकर ब्राह्मण संतुष्ट होता है और भिक्षा मांगने के लिए घर से बाहर निकल जाता है। वहीं, ब्राह्मणी भी घर में पड़े तिल को धूप में सुखाने के लिए फैला देती है। तभी कहीं से एक कुत्ता आ जाता है और उन साफ तिलों पर पेशाब कर देता है, जिससे सभी तिल खराब हो जाते हैं।तिल के खराब हो जाने पर ब्राह्मणी काफी परेशान हो जाती है और सोचती है यही तो तिल थे, जिन्हें पका कर मैं अतिथियों को खिला सकती थी। अब मैं क्या करूं? काफी देर सोचने के बाद ब्राह्मणी को एक तरीका सूझा।उसने सोचा कि अगर वह गंदे तिलों के बदले साफ तिल देने की बात कहेगी, तो कोई भी आसानी से मान जाएगा। साथ ही किसी को भी इन तिलों के खराब होने की बात पता नहीं चलेगी। इस विचार के साथ वह उन तिलों को लेकर घर-घर घूमने लगी।

ब्राह्मणी की यह बात सुनकर एक महिला वह तिल लेने के लिए तैयार हो गई, लेकिन उस महिला का पुत्र अर्थशास्त्र पढ़ा हुआ था। उसने अपनी मां से कहा कि इन तिलों में जरूर कोई न कोई खोट होगी, वरना कौन साफ-सुथरे तिलों को गंदे तिलों के बदले देने के लिए तैयार होगा। पुत्र की यह बात सुनकर महिला ने ब्राह्मणी के तिलों को लेने से मना कर दिया।

<u>कहानी से सीख :-</u> हमारे पास जो भी होता है, हमें उसी में सुखी रहना चाहिए। किसी के पास ज्यादा चीज देखकर दुखी नहीं होना चाहिए।

12

गधा, लोमड़ी और शेर

सालों पहले एक जंगल में गधा, लोमड़ी और शेर के बीच अच्छी दोस्ती हो गई। तीनों ने एकदिन बैठकर साथ में शिकार करने के बारे में सोचा। कुछ देर बाद सबने मिलकर तय किया कि शिकार करने के बाद उसपर तीनों का बराबर हक होगा। ये फैसला लेने के बाद तीनों दोस्त शिकार के लिए जानवर की तलाश में जंगल की ओर निकल पड़े।

कुछ ही दूरी पर उन तीनों को जंगल में हिरण दिखा। एकदम तीनों ने हिरण पर झपट्टा मारने की कोशिश की। उसे देखते ही वो तेजी से दौड़ने लगा। दौड़ते-दौड़ते थककर हिरण कुछ देर के लिए रुक गया। तभी मौका देखकर शेर ने हिरण का शिकार कर दिया।

गधा, लोमड़ी और शेर तीनों काफी खुश हो गए। मरे हुए हिरण के तीन हिस्से करने के लिए शेर ने अपने दोस्त गधे को कहा। जैसा पहले तय हुआ था उसी हिसाब से गधे ने शिकार को तीन बराबर हिस्सों में बांट दिया। ये देखकर शेर को बिल्कुल अच्छा नहीं लगा। वो गुस्से में जोर-जोर से दहाड़े मारने लगा। दहाड़ते-दहाड़ते शेर ने गधे पर हमला करके उसे अपने दांतों और पंजों की मदद से दो हिस्से में बांट दिया। लोमड़ी ये सब होते हुए देख रही थी। तभी शेर ने एकदम से लोमड़ी को कहा, "चलो दोस्त अब तुम इस शिकार का अपना हिस्सा ले लो। लोमड़ी चालाक और समझदार दोनों ही थी। उसने बड़ी ही अकलमंदी के साथ हिरण के शिकार का तीन चौथाई हिस्सा शेर को दे दिया और खुद के लिए एक चौथाई हिस्सा ही बचाया।

इस तरह हुए शिकार के हिस्से से शेर काफी खुश हो गया। उसने हंसते हुए लोमड़ी से कहा, 'अरे वाह! तुमने एकदम मेरे मन का काम किया है। तुम्हारा दिमाग काफी तेज है।' इतना कहते ही शेर ने लोमड़ी से पूछा, 'तुम इतनी समझदार कैसे हो? तुम्हें कैसे पता चला कि मैं क्या चाहता हूं? तुमने इतनाअच्छे से शिकार का हिस्सा लगाना कहा से सीखा है?'

शेर के सवालों का जवाब देते हुए लोमड़ी बोली, 'आप जंगल के राजा हैं और आपको कैसे हिस्सा लगाना है, ये समझना मुश्किल नहीं है। साथ ही मैंने उस गधे की हालत भी देख ली थी। उसके साथ जो कुछ भी हुआ उससे सीख लेते हुए मैंने ऐसी समझदारी दिखाई है।'

जवाब सुनकर शेर काफी खुश हुआ। उसने कहा कि तुम सच में बुद्धिमान हो।

<u>कहानी से सीख:-</u> हम सभी को अपनी ही नहीं, बल्कि दूसरों की गलतियों से भी नई बातों को सीखना चाहिए। इससे हम वही गलती करने से और उसके नकारात्मक परिणामों से बच सकते हैं।

13

एक चरवाहा

बहुत समय पहले की बात है, एक गांव में एक चरवाहा रहा करता था। उसके पास कई सारी भेड़ें थीं, जिन्हें चराने वह पास के जंगल में जाया करता था। हर रोज सुबह वह भेड़ों को जंगल ले जाता और शाम तक वापस घर लौट आता। पूरा दिन भेड़ घास चरतीं और चरवाहा बैठा-बैठा ऊबता रहता। इस वजह से वह हर रोज खुद का मनोरंजन करने के नए नए तरीके ढूंढता एक दिन उसे एक नई शरारत सूझी। उसने सोचा, क्यों न इस बार मनोरंजन गांव वालों के साथ किया जाए। यही सोच कर उसने जोर-जोर से चिल्लाना शुरू कर दिया "बचाओ-बचाओ भेड़िया आया, भेड़िया आया।"उसकी आवाज सुन कर गांव वाले लाठी और डंडे लेकर दौड़ते हुए उसकी मदद करने आए। जैसे ही गांव वाले वहां पहुंचे, उन्होंने देखा कि वहां कोई भेड़िया नहीं है और चरवाहा पेट पकड़ कर हंस रहा था। "हाहाहा, बड़ा मजा आया। मैं तो मजाक कर रहा था। कैसे दौड़ते-दौड़ते आए हो सब, हाहाहा।" उसकी ये बातें सुन कर गांव वालों का चेहरा गुस्से से लाल-पीला होने लगा। एक आदमी ने कहा कि हम सब अपना काम छोड़ कर, तुम्हें बचाने आए हैं और तुम हंस रहे हो ? ऐसा कह कर सभी लोग वापस अपने अपने काम की ओर लौट गए। कुछ दिन बीतने के बाद, गांव वालों ने फिर से चरवाहे की आवाज सुनी। "बचाओ बचाओ भेड़िया आया, बचाओ।" यह सुनते ही, वो फिर से चरवाहे की मदद करने के लिए दौड़ पड़े। दौड़ते-हांफते गांव वाले वहां पहुंचे, तो क्या देखते हैं? वो देखते हैं कि चरवाहा अपनी भेड़ों के साथ आराम से खड़ा है और गांव वालों की तरफ देख कर जोर-जोर से हंस रहा है। इस बार गांव वालों को और गुस्सा आया। उन सभी ने चरवाहे को खूब खरी-खोटी सुनाई, लेकिन चरवाहे को अक्ल न आई। उसने फिर दो-तीन बार ऐसा ही किया और मजाक में चिल्लाते हुए गांव वालों को इकट्ठा कर लिया। अब गांव वालों ने चरवाहे की बात पर भरोसा करना बंद कर दिया था। एक दिन गांव वाले अपने खेतों में काम कर रहे थे और उन्हें फिर से चरवाहे के चिल्लाने की आवाज आई। "बचाओ बचाओ भेड़िया आया, भेड़िया आया बचाओ", लेकिन इस बार किसी ने भी उसकी बात पर गौर नहीं किया। सभी आपस में कहने लगे कि इसका तो काम ही है दिन भर यूं मजाक करना। चरवाहा लगातार चिल्ला रहा था, "अरे कोई तो आओ, मेरी मदद करो, इस भेड़िए को भगाओ", लेकिन इस बार कोई भी उसकी मदद करने वहां नहीं पहुंचा। चरवाहा चिल्लाता रहा, लेकिन गांव वाले नहीं आए और भेड़िया एक-एक करके उसकी सारी भेड़ों को खा गया। यह सब देख चरवाहा रोने लगा। जब बहुत रात तक चरवाहा घर नहीं आया, तो गांव वाले उसे ढूंढते हुए जंगल पहुंचे। वहां पहुंच कर उन्होंने देखा कि चरवाहा पेड़ पर बैठा रो रहा था। गांव वालों ने किसी तरह चरवाहे को पेड़ से उतारा। उस दिन चरवाहे की जान तो बच गई, लेकिन उसकी प्यारी भेड़ें भेड़िए का शिकार बन चुकी थीं। चरवाहे को अपनी गलती का एहसास हो गया था और उसने गांव वालों से माफी मांगी। चरवाहा बोला "मुझे माफ कर दो भाइयों, मैंने झूठ बोल कर बहुत बड़ी गलती कर दी। मुझे ऐसा नहीं करना चाहिए था।"

<u>कहानी से सीख :-</u> इस कहानी से यह सीख मिलती है कि कभी झूठ नहीं बोलना चाहिए। झूठ बोलना बहुत बुरी बात होती है। झूठ बोलने की वजह से हम लोगों का विश्वास खोने लगते हैं और समय आने पर कोई हमारी मदद नहीं करता।

14

शम्भुदयाल

किसी गांव में शम्भुदयाल नाम का एक प्रसिद्ध ब्राह्मण रहता था। वह बहुत विद्वान था और लोग आए दिन उस अपने घर में भोजन के लिए निमंत्रण देते रहते थे। एक दिन ब्राह्मण एक सेठ जी के यहां से भोजन करके आ रहा था। लौटते समय सेठ ने ब्राह्मण को एक बकरी उपहार में दी, जिससे ब्राह्मण रोजाना उसका दूध पी सके। ब्राह्मण बकरी को कंधे पर रखकर घर की ओर जा रहा था। रास्ते में तीन ठगों ने ब्राह्मण और उसकी बकरी को देख लिया और ब्राह्मण को लूटने का षड्यंत्र रचा। वे ठग थोड़ी-थोड़ी दूरी पर जाकर खड़े हो गए। जैसे ही ब्राह्मण पहले ठग के पास से गुजरा, तो ठग जोर-जोर से हंसने लगा। ब्राह्मण ने इसका कारण पूछा तो ठग ने कहा, 'महाराज मैं पहली बार देख रहा हूं कि एक ब्राह्मण देवता अपने कंधे के ऊपर गधे को लेकर जा रहे हैं।' ब्राह्मण को उसकी बात सुनकर गुस्सा आ गया और ठग को भला-बुरा कहते हुए आगे बढ़ गया। थोड़ी ही दूरी पर ब्राह्मण को दूसरा ठग मिला। ठग ने गंभीर स्वर में पूछा, 'हे ब्राह्मण महाराज, क्या इस गधे के पैर में चोट लगी है, जो आप इसे अपने कंधे पर रखकर ले जा रहे हैं।' ब्राह्मण उसकी बात सुनकर सोच में पड़ गया और ठग से कहा, 'तुम्हे दिखाई नहीं देता है कि यह बकरी है, गधा नहीं। ठग ने कहा, 'महाराज शायद आपको किसी ने बेवकूफ बना दिया है, बकरी की जगह गधा देकर।' ब्राह्मण ने उसकी बात सुनी और सोचता हुआ आगे बढ़ गया। कुछ दूरी पर ही उसे तीसरा ठग दिखाई दिया। तीसरे ठग ने ब्राह्मण को देखते ही कहा, 'महाराज आप क्यों इतनी तकलीफ उठा रहे हैं, आप कहें, तो मैं इसे आपके घर तक छोड़ कर आ जाता हूं, मुझे आपका आशीर्वाद और पुण्य दोनों मिल जाएंगे।' ठग की बात सुनकर ब्राह्मण खुश हो गया और बकरी को उसके कंधे पर रख दिया। थोड़ी दूर जाने पर तीसरे ठग ने पूछा, 'महाराज आप इस गधे को कहां से लेकर आ रहें हैं।' ब्राह्मण ने उसकी बात सुनी और कहा, 'भले मानस यह गधा नहीं बकरी है।' ठग ने जोर देकर कहा, 'हे ब्राह्मण देवता, लगता है किसी ने आपके साथ छल किया है और यह गधा दे दिया।' ब्राह्मण ने सोचा कि रास्ते में जो भी मिल रहा है बस एक ही बात कह रहा है। तब उसने ठग से कहा, 'एक काम करो, यह गधा मैं तुम्हें दान करता हूं, तुम ही इसे रख लो।' ठग ने ब्राह्मण की बात सुनी और बकरी को लेकर अपने साथियों के पास आ गया। फिर तीनों ठगों ने बाजार में उस बकरी को बेचकर अच्छी कमाई की और ब्राह्मण ने उनकी बात मानकर अपना नुकसान कर लिया।

<u>कहानी से सीख :-</u> किसी भी झूठ को अगर कई बार बोला जाए, तो वो सच लगने लगता है, इसलिए हमेशा अपने दिमाग का उपयोग करें और सोच-विचार कर ही किसी पर विश्वास करें।

15
एक लोमड़ी

एक लोमड़ी बहुत भूखी थी। वह खाने की तलाश में इधर-उधर भटकने लगी। काफी समय तक घूमने के बाद भी उसे खाने को कुछ भी न मिला, तभी उसकी नजर पास के एक बाग पर पड़ी। बाग बहुत ही सुन्दर और हरा-भरा था। उस बाग से बड़ी ही मीठी सुगंध आ रही थी। उसे एहसास हो चला कि अब उसकी खाने की तलाश जल्द ही खत्म होने वाली है। वह तेजी से बाग की ओर अपने कदम बढ़ाने लगी। जैसे-जैसे वह कदम आगे बढ़ाती, बाग से आने वाली महक और भी तेज होती जाती। उसने मन ही मन सोचा कि इस बाग में कुछ तो खास होगा, जो उसे खाने को मिलेगा। इसी सोच के साथ वह और तेजी से आगे बढ़ने लगी। जैसे ही वह बाग में पहुंची, तो उसने देखा कि बाग तो अंगूर की बेलों से लदा हुआ है। सभी अंगूर पूरी तरह से पक चुके हैं। अंगूर देखकर उसकी आंखें चमक उठीं। अंगूरों की महक से उसने इस बात का अंदाजा लगा लिया कि अंगूर कितने रसदार और मीठे होंगे। वह इतनी उतावली हो चली कि मानो एक ही बार में बाग के सारे अंगूर खा जाएगी। सने झट से अंगूरों को लक्ष्य बनाकर एक लंबी छलांग मारी, लेकिन वह अंगूरों तक पहुंच नहीं सकी और धड़ाम से जमीन पर आ गिरी। उसका पहला प्रयास विफल हुआ। उसने सोचा क्यों न फिर से कोशिश की जाए।वह एक बार फिर जोश से उठी और इस बार उसने अपनी पूरी ताकत से पहले से तेज अंगूरों की ओर छलांग लगा दी, लेकिन अफसोस कि उसका यह प्रयास भी बेकार गया। इस बार भी वह अंगूरों तक पहुंचने में नाकामयाब रही, लेकिन उसने हार नहीं मानी। उसने खुद से कहा कि अगर दो प्रयास विफल हो गए तो क्या, इस बार तो सफलता मुझे मिलकर ही रहेगी। फिर क्या था, इस बार फिर वह दोगुने जोश के साथ खड़ी हुई। इस बार उसने अब तक की सबसे लंबी छलांग लगाने की कोशिश की। उसने अपने शरीर की सारी ताकत को एकत्र कर एक लंबी दौड़ लगाई। उसे लगा था कि इस बार उसे अंगूर पाने से कोई नहीं रोक सकता, लेकिन ऐसा हुआ नहीं। इस बार का प्रयास भी खाली गया। वह जमीन पर आ गिरी। इतने जतन करने के बावजूद वह एक भी अंगूर हासिल नहीं कर पाई। ऐसे में उसने अंगूर पाने की अपनी आस छोड़ दी और हार मान ली। अपनी विफलता को छिपाने के लिए उसने खुद ही बोला कि अंगूर खट्टे हैं, इसलिए इन्हें मुझे नहीं खाना।

    <u>**कहानी से सीख :-**</u> लोमड़ी और खट्टे अंगूर की कहानी से हमें यह सीख मिलती है कि अगर हम बिना सही प्रयास के किसी चीज को पाने में असमर्थ हैं, तो हमें उस चीज को लेकर गलत राय नहीं बनानी चाहिए। जैसा लोमड़ी ने अंगूर न मिलने पर अंगूरों को बिना चखे खट्टा कह दिया। साथ ही हमें किसी काम के लिए जल्दी हार नहीं माननी चाहिए।

16
एक बंदर और एक हाथी

एक घने जंगल में एक बंदर और एक हाथी रहते थे। हाथी बड़ा शक्तिशाली था। वो बड़े-बड़े पेड़ों को एक ही झटके में उखाड़ देता था। बंदर काफी दुबला-पतला, लेकिन वो बड़ा ही फुर्तीला और तेज था। दिनभर बंदर जंगल के पेड़ों पर उछलकूद करता रहता था। बंदर और हाथी दोनों को ही अपने गुणों पर बड़ा ही घमंड था। दोनों ही एक-दूसरे से खुद को ज्यादा अच्छा मानते थे। इस वजह से दोनों में हमेशा बहस होती रहती थी। उसी जंगल में एक उल्लू भी रहता था, जो अक्सर बंदर और हाथी की हरकतें देखाता था। वह इन दोनों के लड़ाई-झगड़े से परेशान हो गया था। एक दिन उस उल्लू ने उन दोनों से कहा, 'जिस तरह तुम दोनों लड़ते हो, इससे कोई फैसला नहीं होने वाला है। तुम दोनों एक प्रतियोगिता के जरिए आसानी से यह फैसला कर सकते हो कि तुम दोनों में से सबसे शक्तिशाली कौन है।' बंदर और हाथी दोनों को उल्लू की बात अच्छी लगी। दोनों ने फिर एक साथ पूछा, 'इस प्रतियोगिता में क्या करना होगा?'उल्लू ने कहा, 'इस जंगल को पार करने पर एक दूसरा जंगल आता है। जहां पर एक काफी पुराना पेड़ है, जिस पर एक सोने का फल लगा हुआ है। तुम दोनों में से उस सोने के फल को जो पहले लाएगा, उसे ही इस प्रतियोगिता का विजेता बनेगा और असल मायनों में सबसे शक्तिशाली कहलाएगा। उल्लू की बात सुनते ही बंदर और हाथी बिना कुछ सोचे-समझे दूसरे जंगल की तरफ निकले। बंदर ने अपनी फुर्ती दिखानी शुरू की। वह एक ही छलांग में एक पेड़ से दूसरे पेड़ तक पहुंच जाता। वहीं, हाथी तेजी से दौड़ने लगा और रास्ते में आने वाली हर चीज को अपने मजबूत सूंड से उखाड़ फेंकता। थोड़ी ही देर में हाथी और बंदर उस जंगल से बाहर निकल गए। इस जंगल से दूसरे जंगल के बीच के रास्ते में एक नदी बहती थी। उसे पार करने के बाद ही दूसरे जंगल में पहुंचा जा सकता था।बंदर ने फिर से अपनी फुर्ती दिखाई और झट से वह नदी में कूद गया, लेकिन पानी की लहर काफी तेज थी, तो बंदर नदी में बहने लगा। बंदर को नदी में बहते हुए देखरकर हाथी ने तुरंत अपनी सूंड से उसे पकड़कर पानी के बाहर निकाल दिया। हाथी के इस व्यवहार को देखकर बंदर काफी हैरान हुआ। उसने विनम्र होकर हाथी को अपनी जान बचाने के लिए धन्यवाद कहा और अपनी हार मानते हुए हाथी को ही आगे का सफर तय करने के लिए कहा। बंदर की इस बात को सुनकर हाथी ने कहा, 'मैं नदी पार कर सकता है। तुम भी मेरी पीठ पर बैठकर इसे पार कर लो।' बंदर हाथी की बात मान गया और वह हाथी के पीठ पर बैठ गया। इस तरह दोनों ने नदी पार कर ली और दूसरे जंगर में पहुंच गए। फिर दोनों ने मिलकर सोने के लगे हुए फल वाले पेड़ को भी खोज निकाला। सबसे पहले हाथी ने अपनी अपनी सूंड से उस पेड़ को गिराना चाहा, लेकिन वह पेड़ काफी मजबूत था। हाथी के प्रहार से वो पेड़ नहीं उखड़ा। फिर हाथी ने निराश होकर कहा, 'मैं अब यह फल नहीं तोड़ सकता हूं।'

बंदर बोला, 'चलो, मैं भी एक बार कोशिश करके देखता हूं।'

बंदर फुर्ती से उस पेड़ पर चलने लगा और उस डाली पर पहुंच गया जहां पर सोने का फूल लगा हुआ था। उसने वह फल तोड़ लिया और पेड़ के नीचे उतर गया। इसके बाद दोनों वापस नदी पार करके अपने जंगल लौट आए और उल्लू को वह सोने का फल दे दिया। फल पाने के बाद उल्लू जैसे ही इस प्रतियोगिता के लिए विजेता का नाम बोला, वैसे ही बंदर और हाथी ने मिलकर उसकी बात को रोक दिया। दोनों ने एक साथ कहा, 'उल्लू दादा, अब हमें विजेता का नाम जानने की आवश्यकता नहीं है। इस प्रतियोगिता को हम दोनों ने मिलकर पूरा किया है। हमें यह समझ में आ गया है कि हर किसी का गुण अपने आप में अलग और खास होता है। हमने यह भी फैसला किया है कि आगे से अब हम कभी भी इस बात पर बहस भी नहीं करेंगे और मित्र की तरह इस जंगल में रहेंगे।' उल्लू को बंदर और हाथी की बात सुनकर काफी खुशी हुई। उसने दोनों से कहा, 'मैं तुम्हें यही समझाना चाहता था कि सभी एक-दूसरे से अलग होते हैं। अलग-अलग गुण और शक्तियां ही हमें एक दूसरे की मदद करने के काबिल बनाती हैं। साथ ही हर किसी की अपनी कमजोरियां भी होती हैं, इसलिए एक-दूसरे के साथ मिलकर रहना ही सबसे अच्छा होता है।'उसी दिन से हाथी और बंदर दोनों मित्र हो गए और वह जंगल में खुशी-खुशी रहने लगे।

<u>कहानी से सीख :-</u> हमें एक-दूसरे के गुणों और शक्तियों का सम्मान करना और आपस में मिल-जुलकर रहना चाहिए।

यह पुस्तक हमने ख़ास छोटे बच्चों के लिए बनाई है जिन्हे हमें कहानियाँ सीखानी चाहिए।   ऐसी कहानियों से ही बच्चो के दिमाग में अच्छी सोच एवं अच्छे विचार आते है। इस पुस्तक में 15 से भी आदिक कहानियां है , , आदि।